Für meine Frau Gisela, die mich bei meinen
Aufenthalten in Chioggia immer begleitet hat,
obwohl sie kein Wort italienisch versteht.

Bibliografische Information der Deutschen Nationalbibliothek.

Die Deutsche Nationalbibliothek verzeichnet diese Publikation in der Deutschen Nationalbibliografie; detaillierte bibliografische Daten sind im Internet über dnb.d-nb.de abrufbar.

Impressum:

1. Auflage Juli 2021
Überarbeitete Auflage - Juli 2025
Alle Rechte vorbehalten
© 2025 Peter Sterk, Meckenbeuren

Verlag:
BoD · Books on Demand GmbH,
In de Tarpen 42, 22848 Norderstedt,
bod@bod.de

Druck:
Libri Plureos GmbH,
Friedensallee 273, 22763 Hamburg

ISBN: 978-3-7557-2413-1

Texte, Layout, Satz und Umschlag:
Peter Sterk, 88074 Meckenbeuren
Bildnachweis:
Alle Fotos und Grafiken: Peter Sterk, 88074 Meckenbeuren

Italienische Momente in
Chioggia

Peter Sterk
2021

Dieses Buch ist kein Reiseführer im eigentlichen Sinne, obwohl es etliche Informationen über Chioggia enthält, die einen Besucher interessieren könnten.

Es ist eine bunte Mischung aus sachlichen Informationen über Chioggias Altstadt, über Lokalitäten und Sehenswürdigkeiten, über Eindrücke bei Spaziergängen durch die Stadt sowie über persönliche private Erlebnisse mit Menschen, gemischt mit einigen Rezepten der regionalen Küche.

Chioggia – Klein Venedig

Chioggia ist eine Küstenstadt in Venetien, die erstmals im 5. Jahrhundert schriftlich erwähnt wird. Sie hat ca. 50.000 Einwohner und gehört politisch zur Metropolitanstadt Venedig (früher Provinzhauptstadt). Zum Stadtgebiet gehören so bekannte Touristen-Strände wie Sottomarina und Isola Verde.

Wenn ich in diesem Büchlein von Chioggia berichte, meine ich jedoch, die auf Holzpfählen errichtete Altstadt Chioggias, auf einer Insel im Süden der venezianischen Lagune. Genauer gesagt, liegt sie nicht auf einer Insel, sondern auf mehreren kleinen Inseln, die durch Kanäle getrennt und durch Brücken verbunden sind, ähnlich ihrer großen Schwester Venedig.

Diese historische, Jahrhunderte alte Stadt besitzt einige Besonderheiten. Zum einen rühmt sie sich, den größten Fischereihafen Italiens zu beherbergen, zum anderen befindet sich, in einem ihren größten Türme, die älteste mechanische Turmuhr der Welt. Kunstliebhaber finden in der Altstadt, besonders in den vielen Kirchen der Insel, eine Vielzahl großartiger Kunstwerke bekannter Künstler des Mittelalters, weshalb sich Chioggia in Italien auch Città d'Arte nennen darf.

Was mir besonders gefällt ist etwas ganz anderes. Chioggia hat keine ganz großen Attraktionen, wie einen Markusplatz oder einen Dogenpalast, die Unmengen von Touristen anziehen. Jedoch hat es eine pittoreske Altstadt, die sich eher bescheiden gibt, aber vollkommen italienisch-authentisch. Sehr wohl aber gibt es romantische Brücken, Lagunen und anmutende Fischerboote und eine Unmenge Cafés, Bars und Restaurants, in denen man fast nur Einheimische trifft.

Eine Stadt, die ihren antiken Flair mit einer enormen Lebendigkeit und mit Lebensfreude verbindet.   ■

Chioggia – Città d'Arte

Chioggia darf sich in Italien Città d'Arte, also Stadt der Kunst, nennen, ähnlich wie die berühmteren Städte Verona, Venedig, Vicenza, Padua, Rom, Palermo und etliche andere. So werden Städte genannt, deren kulturelle Identität anerkanntermaßen und maßgeblich durch Kunst geprägt ist.

Im Laufe der Geschichte war und ist Chioggia Dreh- und Angelpunkt verschiedener Werke und Künstler. So kann man vor allem in Chioggias Kirchen wertvolle Gemälde vieler berühmter Künstler betrachten.

Etliche der bedeutenden Komponisten der sogenannten „venezianischen Schule" stammen aus Chioggia, so z.b. Gioseffo Zarlino, Maestro di Cappella an San Marco oder Giovanni Croce, der erst Zarlinos Schüler war und nach dessen Tod die Leitung der Cappella di San Marco übernahm.

In der Chiesa San Domenico befinden sich berühmte Werke wie „Thomas von Aquin spricht mit dem gekreuzigten Jesus" (Jacopo Tintoretto), „Christus am Ölberg" (Luigi Benfatto), „Schlacht gegen die Albigenser" (Pietro Domini), „Die Pietà und die Heiligen" (Leandro Bassano), um nur einige zu nennen.

Dem venezianischen Schriftsteller Carlo Goldoni dienten Stadt und Leute als Vorlage für sein Theaterstück „Le baruffe chiozzotte". Das im lokalen Dialekt verfasste Bühnenstück gibt das laute und tragisch-komische Treiben in der Lagunenstadt des 18. Jahrhunderts wieder und wurde im Teatro San Luca in Venedig uraufgeführt.

Dieses Bühnenstück findet bis heute Anklang beim Kennerpublikum und unter dem Namen „Viel Lärm in Chiogga" wird es auch bei uns in deutscher Sprache aufgeführt. ■

Fünf Uhr morgens

Ich liebe es, am frühen Morgen durch die Stadt zu laufen. Die Nacht verschwindet gerade und die engen, verschlafenen Gassen wirken jetzt im Halbdunkel der beginnenden Dämmerung noch etwas enger als sie sowieso schon sind, fast ein bisschen mystisch.

Das ändert sich erst, als ich über die südlichste der neun Brücken über den Canal Vena zum Corso del Popolo laufe und neben der Piazzale Perotolo den mächtigen Dom Santa Maria Assunta erblicke, der um diese frühe Uhrzeit wohl noch verschlossen ist.

So laufe ich durch die alte Porta Santa Maria Assunta, die sozusagen den südlichen Eingang zu Chioggias Altstadt bildet, weiter nach Süden. Dieses große, freistehende Tor, das auch Porta Garibaldi genannt wird, wurde im Jahr 1520 als Teil der alten Stadtbefestigung Chioggias gebaut und war seinerzeit der einzige Zugang zur Stadt. Heute ist es nur noch ein frei stehendes, monumentales Tor, das an längst vergangene Zeiten erinnert.

Auf der Landseite zeigt ein Marmorrelief den Markuslöwen als Symbol für die damalige Herrschaft Venedigs über die Stadt. Im Inneren des Torbogens erinnert neben einer Gedenktafel mit Wappen, eine lateinische Schrifttafel an einen Aufenthalt des Papstes Pius VI. in Chioggia.

Am Museo Civico della Laguna Sud, auf das ich später noch zurück komme, vorbei bewege ich mich zur Fondamenta San Francesco an der Laguna del Lusenzo, um diese Uhrzeit einer meiner Lieblingsorte. Hier lässt sich die herrliche Ruhe des frühen Morgens abseits jeden Lärms und mit Blick auf die Lagune ganz besonders genießen. ▪

An der Laguna del Lusenzo

Von der Fondamenta San Francesco aus hat man einen herrlichen Blick auf die Laguna del Lusenzo, die zwischen der Altstadt Chioggias auf der Insel und dem Festland liegt. Am gegenüberliegenden Ufer bildet die Silhouette des Teilortes Sottomarina einen schönen Kontrast zu den im Sonnenaufgang glitzernden Wellen des Wasser.

Das Wasser der Lagune schimmert wie flüssiges Gold in der aufgehenden Sonne, eine geradezu märchenhafte Idylle. Mitten in diesem sich kräuselnden Wasser, das hier nur knietief ist, steht ein Mann mit Körben auf einem kleinen Floß und sammelt Früchte des Meeres. Ich nehme an, es handelt sich um Muscheln oder Meeresschnecken.

An einem solchen Ort scheint zu dieser frühen Stunde die Zeit still zu stehen. Durch Häuser und Gassen gedämpft dringen nur ganz wenige Geräusche wie aus weiter Ferne vom Corso herüber. Ein vorbeifahrender Omnibus, ab und zu ein Motorroller und die ersten Möwen sind auch schon unterwegs.

Ich verweile hier einige Zeit im Licht der aufgehenden Sonne und beobachte die wenigen Fischer, die außer dem Sammler noch vereinzelt in sehr kleinen Booten unterwegs sind.

Als ich eine halbe Stunde später über den Canale Perottolo hinüber zum Corso del Popolo laufe, muss der Rest der verbliebenen Dunkelheit vor einem Zwielicht aus schattigem Licht der Dämmerung und den ersten Sonnenstrahlen kapitulieren.

Dann liegt der Corso del Popolo, die einzige wirklich breite Straße, die Chioggia der Länge nach teilt, vor mir. Man kann sich nicht so richtig verstellen, dass auf dieser so ruhig daliegenden Straße in ein paar Stunden das Leben in all seinen Facetten lautstark tobt. ■

Auf dem Corso del Popolo am frühen Morgen

Der Corso del Popolo liegt noch im Halbschatten des Dämmerlichts, nur die Giebel der Häuser auf der Westseite der Straße glänzen schon im goldgelben Licht der aufgehenden Sonne.

Die vielen Gaststätten, Bars und Cafés links und rechts der Straße erwachen langsam zum Leben. Nicht etwa schon Besucher oder Gäste, wie ich, sondern Menschen, die zur Arbeit streben oder ein paar Fischer, die vielleicht schon von der Arbeit kommen.

Vor und in den Lokalitäten bereitet man sich auf den kommenden Tag und die damit eintreffenden Gäste vor. Angelo, der in seiner Bar Aurora die Panini und *Tramezzini* zubereitet, winkt mir zu und gibt durch eine Geste zu verstehen, dass er schon einen Café hätte, aber mir ist im Moment noch nicht danach.

Ein paar hundert Meter weiter begrüßt mich Donatella, während sie auf der Terrasse der Bar S. Andrea die Tische und Stühle für die erwarteten Gäste säubert und zurecht rückt.

Durch die engen Gassen, hier Calle genannt, die links und rechts wie ein Fischgrätmuster vom zentralen Corso del Popolo abzweigen, zwängen sich die kleinen kompakten Fahrzeuge der Straßenreinigung, die hier jeden Morgen ab vier oder fünf Uhr am Werk sind.

Unter den frühen Saubermännern winkt mir Massimo zu. Er ist einer der flexibel eingesetzten Mitarbeiter der Stadtverwaltung und gehörte zu den ersten Leuten, die ich in Chioggia vor Jahren näher kennenlernte. Immer gut gelaunt und für einen Scherz aufgelegt. So ist er auch in dieser frühen Morgenstunde schon gut drauf. Aber mir ist noch nicht zum Reden zumute und er hat auch keine Zeit, in wenigen Stunden muss die Stadt sauber sein – und das ist sie erfahrungsgemäß auch.　　　　■

Italiens größte Caféterrasse

Der Corso del Popolo ist sozusagen die Lebensader Chioggias. Diese zwanzig Meter breite Straße erstreckt sich schnurgerade über achthundert Meter von der Porta Garibaldi bis zum Fährhafen durch die gesamte Altstadt.

Hier pulsiert das Leben. Kommt man zum ersten Mal auf diese Straße, ist man regelrecht überwältigt von dem Anblick, der sich einem bietet.

Fußgänger mit und ohne Hund, Radfahrer transportieren alle möglichen Dinge, Hausfrauen mit Einkaufstaschen, Motorroller sorgen für Geräuschkulisse, Autos und Motorräder winden sich durch die Menge und ebenso der öffentliche Busverkehr. Sie finden alle, auch ohne Straßenmarkierungen, ihren Weg durch das Chaos.

Links und rechts ist die Straße auf der ganzen Länge gesäumt von Cafés und Bars, die ihre Gäste bevorzugt an den Tischen vor dem Lokal bedienen, und das nicht nur bei schönem Wetter, ist es windig oder regnet es, lässt man transparente Planen an den Seiten herunter.

Der italienische Schriftsteller Curzio Malaparte bezeichnete den Corso einmal als Italiens größte Caféterrasse.

Ruhig ist es hier nur am sehr frühen Morgen und zur Siesta am Mittag, denn die Siesta wird ernst genommen. Die Bars, Cafés und Geschäfte sind bis auf ganz wenige Ausnahmen bis vier oder fünf Uhr geschlossen.

Am späten Nachmittag oder frühen Abend wacht die Stadt dann richtig auf und die Chioggiotti, wie sich die Einwohner nennen, versammeln sich auf dem Corso für einen Schwatz oder einen Aperitivo, deshalb ist am Nachmittag nach der Siesta der hintere Teil der Straße für Kraftfahrzeuge gesperrt. ■

Der Corso del Popolo – Das Herz Chioggias

Wie schon erwähnt, auf dem Corso, wie er hier kurz genannt wird, pulsiert das Leben. Ich habe zum Spaß die Bars, Cafés, Eisdielen und Pasticcerien gezählt und bin auf 31 Stück nur auf der einen, der Westseite der Straße gekommen. Dazwischen bestimmt ebenso viele kleine Geschäfte für Schmuck, für Kleidung und für den täglichen Bedarf.

Auf der anderen Seite der Straße sieht es ähnlich aus, nicht ganz so viele Bars und Cafés. Ungefähr auf halber Strecke das imposante, weiße Rathaus, das Municipio di Chioggia, das bei Dunkelheit wunderschön angestrahlt wird. Außerdem findet man auf dieser Seite die Post, etliche Apotheken, Versicherungen, zwei kleine Supermärkte und was so zu einer Stadt gehört.

Dazwischen einige Ristorante, wie das Antico Toro, das El Gato oder das Alberto Capo. Ansonsten befinden sich die meisten Ristorante etwas versteckt in den Gassen links und rechts des Corso, aber das sind nur ein paar Schritte.

Ich habe in vielen dieser Ristorante zu Mittag oder zu Abend gegessen und bin nie enttäuscht worden. Quasi überall lässt sich gut speisen, natürlich meist schwerpunktmäßig Gerichte mit Fisch und Meeresfrüchten. Wie sollte es anders sein in einer Stadt mit langer Fischfang-Tradition, die sich rühmt, Italiens größten Fischereihafen zu beherbergen.

Ebenso spielt der Reis eine dominante Rolle, meist als Risotto zum Primo, dem ersten Gang, in den verschiedensten Arten zubereitet. Man befindet sich schließlich in Norditalien, in der Po-Ebene, wo es die größten Reis-Anbaugebiete Europas gibt.

Aber hier wächst nicht nur der Reis, sondern hier befinden wir uns auch in der Region, in der die Polenta sehr beliebt ist.

Zu Reis und Polenta später etwas mehr. ∎

19

Auf der Fondamenta Canal Vena

Der Canal Vena teilt Chioggias Altstadt in zwei Teile, ähnlich wie der Canal Grande die große Schwester Venedig, nur eben alles etwas kleiner. Um von einem Ufer auf das andere zu kommen, gibt es insgesamt neun Brücken. Eigentlich sind es ja zehn, aber die Zehnte ist nur eine moderne, barrierefreie Erweiterung der Ponte Filippini.

Heute spazieren wir auf der Fondamenta Canal Vena, der kleinen schmalen Straße, die an der gesamten Länge des Kanals entlang führt. Eine wunderschöne schmale Straße nur für Fußgänger. Es gibt überall Schilder „area pedonale" (Fußgängerzone) oder „cicli e motocicli a mano" (Fahrräder und Mopeds an der Hand führen), aber das nimmt man hier nicht so ganz genau, man nimmt einfach etwas Rücksicht.

Überwiegend unter Arkaden, teils unter freiem Himmel, vorbei an kleinen Läden, wie Bäckern und Metzgern, an etlichen Bars und Cafés, an denen man herrlich direkt am Kanal sitzen kann. Vorüber am Museo di zoologia adriatica Giuseppe Olivi, das sich hier im Palazzo Grassi befindet. Auf der anderen Seite des Kanals glänzen die roten Planen des Fischmarktes und die weiße Fassade des Rathauses, denn die Fondamenta läuft exakt parallel zum Corso del Popolo, der auf der anderen Seite des Kanals keine hundert Meter entfernt ist.

Wir stehen eine Weile am Fenster eines Maler-Ateliers und betrachten die gelungenen Bilder. Die Auslagen einer Salumeria lassen uns das Wasser im Mund zusammenlaufen und sorgen dafür, dass wir uns vor der Bar BaRiva Vena niederlassen. Hier sitzen wir am Abend gerne bei einem Glas Wein und einer kleinen Platte Affettato mit einem abschließenden Café. Da fühlt man sich ein bisschen wie Commissario Brunetti. ▪

Am Canal Vena zur Morgenstunde

Auch am Canal Vena erwacht das Leben schon früh. Der Macellaio, der Metzger, steht in der Tür seines Ladens und begrüßt mich freundlich und am Rande des Kanals sitzen einige Angler und versuchen ihr Glück. Wie ich sehe, sind sie erfolgreich, in ihren Eimern blitzen die silbernen kleine Fische. Sardinen, die man hier in Chioggia und überhaupt in Venetien gerne verzehrt. Während man sie bei uns hauptsächlich als Konserven mit Öl in eine Dose gepresst kennt, bekommt man sie hier auf Märkten und in Fischläden frisch und auf Wunsch auch küchenfertig ausgenommen.

In Bars erhält man sie oft frittiert als Cicchetti zu einem Glas Weißwein, dem Ombra, und natürlich als venezianisches Gericht Sarde in Saor – doch dazu an anderer Stelle mehr.

Vom täglich, außer montags, stattfindenden Fischmarkt auf der gegenüberliegenden Seite des Kanals dringt Gesang an mein Ohr. Das überrascht mich nicht, denn das habe ich um diese Uhrzeit schon öfters gehört. Da hat nicht etwa jemand ein Radio an, sondern die Fischverkäufer bereiten ihre Stände für den Verkauf vor. Dabei unterhalten sie sich nicht nur, sondern sie singen auch oft dabei.

An der Bar BaRiva Vena, die schon geöffnet hat, trinke ich meinen ersten Café des Tages. Wenn man hier Café sagt, meint man damit das Getränk, das man bei uns Espresso nennt. Von hier kann man wunderschön zuschauen, wie die Markthändler ihre Stände für den täglichen Markt aufbauen. Da werden Kisten mit Obst und Gemüse herangeschleppt und ausgepackt. Die angebotene Ware wird ansprechend präsentiert und dargeboten, denn nicht nur beim Essen ist das Auge mit von der Partie, sondern auch beim Einkaufen.   ∎

Auf der Ponte Vigo am Fährhafen

Es ist herrliches Wetter, als wir am Vormittag auf der Ponte Vigo, der schönsten Brücke Chioggias, stehen. Hier am Fährhafen, an dem auch die Fähre nach Pellestrina ablegt, geht es schon lebhaft zu, die Pendler nach Pellestrina und Venedig sind auf dem Weg zu ihrem Arbeitsplatz.

Um nach Venedig zu kommen, fährt man mit der Fähre von Chioggia nach Cimitero an Pellestrinas Südspitze, weiter mit dem Bus zum Nordende an den Lido Santa Maria Elisabetta und von dort mit einem Vaporetto nach Venedig direkt ins Herz zur Piazza San Marco oder zur Station Giardini Biennale, der Haltestelle für die alle zwei Jahre stattfindende Biennale di Venezia.

Es ist erstaunlich, dass es bei den vielen und regelmäßigen Pendlern keine direkte Schiffsverbindung von Chioggia nach Venedig gibt. Immerhin verkehrt die Fähre stündlich den ganzen Tag über bis in die späte Nacht.

Wir verweilen eine Weile auf der Brücke, die sich direkt an dem Ort befindet, an dem der Canal Vena in der venezianischen Lagune endet.

Von hier hat man einen wunderschönen Blick in die Altstadt auf den lebhaften Corso del Popolo, der hier auf der Piazetta Vigo endet, auf den Canal Vena, auf einige der neun Brücken und auf die alten Häuser an der Fondamenta Canal Vena mit den Cafès und Bars an den Ufern des Kanals. Wenn das Wetter so klar wie heute ist, sieht man auf der anderen Seite am Horizont die Serenissima – Venedig.

Diese Brücke mit ihrer grandiosen Aussicht ist sowohl für Einheimische wie für Besucher ein beliebter Platz zum Verweilen, Plaudern, sich zu einem Treffen zu verabreden oder einfach um diesen herrlichen Blick zu genießen. ∎

Über neun Brücken musst du geh'n

Um vom Corso del Popolo über den Canal Vena in den Ostteil der Altstadt zu gelangen, überqueren insgesamt neun Brücken den Kanal. Nur eine davon, die Ponte S. Giacomo, ist für Kraftfahrzeuge, wie Autos, Kleinlaster oder Zweiräder ausgelegt. Alle anderen kann man nur als Fußgänger benutzen, da man über Stufen hinauf und wieder hinab gehen muss. Die Straße über diese eine befahrbare Brücke führt dann auch weiter über die Ponte Translagunare von der Insel herunter aufs Festland zum Stadtteil Sottomarina mit seinen Touristenstränden.

Genau genommen sind es zehn Brücken. Bei der zehnten Brücke am Oratorio dei Rossi handelt es sich um eine aus Stahl gebaute, barrierefreie Erweiterung der Ponte Filippini, sozusagen ein Zugeständnis an die moderne Zeit. Sie wurde erst im Laufe der letzten Jahrzehnte gebaut und ist auch für Rollstuhlfahrer und Gehbehinderte geeignet. Alle anderen Brücken sind sehr alte Bogenbrücken aus Stein – so wie man es in einer historischen Stadt erwartet.

Bei unseren Spaziergängen durch Chioggia können wir immer wieder beobachten, dass diese Brücken nicht nur zum Überqueren des Kanals benutzt werden, sondern auch gerne als Treffpunkt dienen, sei es für einen kleinen Plausch, wenn man sich zufällig trifft oder als vereinbarter Ort für eine Verabredung.

Ebenso findet man immer wieder Maler und Fotografen, die den schönen Ausblick, den die Brücken bieten, festhalten. Denn herrlich ist dieser Blick auf jeden Fall, die Brücken selbst, das Fondamento mit seinem regen Leben, die dümpelnden Schiffe entlang des Kanals vor den alten, teils uralten Häusern.

Da wird einem sofort klar, warum man Chioggia auch Klein Venedig nennt. ∎

Le calle – die Gassen

Die Straßen und Gassen Chioggias sind überwiegend systematisch angeordnet, ähnlich dem Muster einer Fischgräte. Das zentrale Element ist der Corso del Popolo. Links und rechts davon zweigen rechtwinklig alle zwanzig bis dreißig Meter die Gassen ab, die hier Calle heißen.

Auf der Westseite enden diese Gassen am Fondamento Lombardo, der Straße, die am Canal Lombardo entlang führt. Auf der anderen Seite sind es Sackgassen, die am Canal Vena enden. Das Gleiche gilt für die Calle, die am Hafen vom Fondamento Domenico ausgehen.

Obwohl die Calle meist nur zwei bis drei oder vier Meter breit sind, geht es in vielen recht lebhaft zu. Viele kleine Geschäfte, ebenso kleine Bars und Cafés, die, obwohl hier auch Autos fahren, kleine Tische und Stühle für die Gäste vor die Tür stellen.

Ich habe mehrmals erlebt, dass ich bei einem Aperol saß und kurz aufstehen musste, um ein Auto vorbei zu lassen. Das sind natürlich nur die Autos der Anwohner dieser Gassen, dazu an anderer Stelle mehr.

Mir ist aufgefallen, das die Ristorante, also die Gaststätten, in denen man richtig und nicht nur Cicchetti und Tramezzini essen kann, nur vereinzelt am Corso liegen. Viele verstecken sich in den kleinen Gassen und haben teilweise einen Innenhof.

Heute sitzen wir in einem solchen Innenhof im Ristorante Bella Venezia in der Calle Corona zum Pranzo, dem Mittagessen. Ein herrliches Ambiente, dieser schön dekorierte Innenhof.

Da schmecken Risotto mit Garnelen, Grigliato misto di mare, Bollito misto und Filetto di Rombo gleich noch mal so gut. Natürlich begleitet von einem guten Wein aus der Region und gefolgt von einem Dolce und einem Café. ∎

Autofahren und Parken

Die Straßen und Gassen Chioggias waren, als sie vor langer Zeit gebaut wurden, nicht für Fahrzeuge, wie wir sie heute benutzen, gebaut, höchstens für Hand- und Schubkarren. Dementsprechend sind sie eng, manchmal extrem eng.

Trotzdem sind sie nicht für den Verkehr gesperrt und auch keine Einbahnstraßen, denn man muss aus einer Sackgasse ja irgendwann mal wieder heraus.

In den etwas breiteren Gassen parken die Anwohner auf der einen Seite mit nur wenigen Zentimetern Abstand zwischen Hauswand und Auto. Dann kann im verbleibenden Platz gerade noch ein Auto durchfahren. Das geht natürlich nicht, wenn es sich um ein großes Fahrzeug handelt.

Bei einem unserer Aufenthalte wohnten wir direkt am Corso ohne Parkmöglichkeit an der Wohnung. Da ich das Auto nicht auf dem großen Parkplatz vor der Insel abstellen wollte, versuchte ich es in einer dieser Gassen.

Am Ende der Gasse angekommen hatte ich keinen Platz gefunden und selbst für meinen kleinen Fiat war die Calle zum Wenden zu schmal. Es war ein Erlebnis und eine fahrerische Herausforderung, die ganze Gasse rückwärts zu fahren, rechts eine handbreit Platz zu den parkenden Fahrzeugen und links mit den Rädern ein paar Zentimeter an den Stufen der Haustüren vorbei. Da kann man ins Schwitzen kommen.

Es gibt noch etwas besonderes in diesen Gassen. In sehr vielen Häusern wohnt man in den oberen Stockwerken. Im Parterre gibt es neben kleinen Läden, Cafés und Bars viele große Türen, die mich an Garagentore erinnerten. Heute weiß ich, das es tatsächlich Garagen sind. Oben wohnen die Menschen, unten ihr Auto. Bei dem Platzmangel eine sinnvolle Lösung. ∎

Dolce far niente

Wenn wir bei unseren Aufenthalten in Chioggia tagsüber etwas unternommen haben und meine Frau müde ist, gehe ich am frühen Abend oft noch in eine Bar, um ein paar Leute zu treffen und mein Italienisch zu üben. Mit der Zeit haben sich auf diese Art viele nette Kontakte ergeben.

Sei es im L'Assaggio oder im Sottovento am Hafen, im S.Andrea oder im Aurora am Corso, im BaRiva Vena oder im Casa del Cafè am Canal Vena. Überall trifft man Leute, die sich am Feierabend bei einem Cafè oder einem Ombra treffen, ohne dass dies organisiert oder geplant ist. Man genießt einfach den Feierabend, der eine länger der andere kürzer, man redet ein wenig über Gott und die Welt und geht wieder auseinander.

Dabei fällt mir immer wieder auf, wie auffallend locker hier die Menschen sind und wie sie sich Zeit nehmen. Keine Hektik, man hört keine Sätze wie „Ich muss jetzt schnell weg, weil ich noch ..." Feierabend ist hier Feierabend, da haben die meisten keine Termine mehr.

Ich treffe mich zuhause auch öfters mit Freunden und Bekannten, aber meist passiert das mehr geplant und organisiert, weil viele auch ihre Freizeit zum großen Teil verplant haben.

Dieser Gelassenheit begegne ich hier aber nicht nur abends beim Ombra, sondern auch tagsüber, sei es beim Essen oder einem Cafè, beim Einkaufen oder beim Spazierengehen. Man sagt nicht einfach nur Buon giorno, man bleibt stehen und wechselt ein paar Worte, irgendetwas gibt es immer zu sagen.

Ich würde sagen, bei uns redet man viel über Entschleunigung, hier lebt man sie. Die Menschen haben mehr Zeit, vielleicht sollte ich besser sagen, sie nehmen sich mehr Zeit. Auch für einen Fremden, der ihre Sprache nur mäßig spricht.   ■

Cicchetti e Ombre

Aus der Region Venetien, also auch aus Chioggia nicht wegzu-
denken: Cicchetti und Ombre.

Ombra nennt man das kleine Glas Wein am späten Nachmittag oder am Abend, manchmal aber auch schon am Vormittag.
Über die Herkunft dieser Bezeichnung gibt es verschiedene Er-
klärungen, eine davon ist diese:

Früher verkauften die Winzer in Venedig ihren Wein auf dem
Markusplatz und rollten dabei ihre Weinfässer im Schatten des
Campanile entlang. Daher rührt der Name „Ombra", denn Om-
bra bedeutet nichts anderes als Schatten (plural Ombre).

Was zu einem Ombra unbedingt dazu gehört, sind Cicchetti,
kleine köstliche Leckereien, die es in unendlich vielen Variatio-
nen gibt. Als Grundlage dienen oft geröstete oder ungeröstete
Brotscheiben oder Polentaschnitten. Diese werden belegt mit
Fisch, Meeresfrüchten, Tomaten, Leber, Speck, Pilzen, Cremes
aus Blauschimmelkäse, Ricotta, Thunfisch und und ...

Aber es können genauso gut auch kleine gebratene Fleisch-
klöße in Sauce, frittierte Meeresfrüchte oder Krebsfleischbäll-
chen, Garnelen auf verschiedenste Art, halbierte gekochte Eier
mit Sardellen oder eine dicke Scheibe Mortadella mit entspre-
chendem Belag sein. Da sind dem Koch oder der Köchin nur
durch die Fantasie Grenzen gesetzt. Man isst sie meist in den
kleinen und kleinsten Bars im Stehen an der Theke zusammen
mit einem Ombra.

Hier in Chioggia ist meine Lieblingsbar, wenn es um Chic-
chetti geht, das L'Assaggio auf den Fondamento Domenico direkt am Fischereihafen. Ein kleiner Tipp, nicht gleiche viele und
mehrere der gleichen Sorte aussuchen, aus der Küche kommen
kontinuierlich neue, andere Varianten. ■

Baccalà mantecato

Rezept

Zutaten

- 800 gr Baccalà oder Stoccafisso
  (Gewicht nach dem Wässern)
- Einen kleinen Bund Petersilie
- 200 ml Milch
- 200 ml Wasser
- 200 ml Olivenöl
- 1 Knoblauchzehe
- Salz und Pfeffer

Vorbereitung

- Den Fisch ca. 2 bis 3 Tage (!) wässern

Zubereitung

- Den gewässerten Fisch gestückelt in einen Topf geben
- Die Milch und das Wasser zugeben
- 20 bis 25 Minuten langsam kochen
- Den gekochten Fisch in einen Mixer* geben
- Unter langsamer Zugabe des Olivenöls mixen
  ähnlich einer Mayonnaise
- Klein gehackte Petersilie zugeben
- Mit Salz und Pfeffer abschmecken

** Beim Mixer Rührstäbe verwenden, keine Messer,
sonst wird die Masse zu fein*

Le canocchie

Es ist schon Abend und ich stehe mit einigen Bekannten an der Bar im San Andrea. Nach einer Weile kommt Massimo mit einem Gefäß voll frischer Frutti di Mare, Meeresfrüchte, herein. Verschiedene Arten von Muscheln, Meeresschnecken, kleinen Garnelen und ähnliches Meeresgetier, alles frisch aus der Lagune. Das sieht alles vielversprechen aus, die Tiere werden gleich gewaschen, während Donatella die Kochstelle anschaltet und Pfanne sowie die entsprechenden Utensilien bereitlegt.

Unter den Meeresfrüchten sind auch einige Exemplare, die mir schon auf dem Markt aufgefallen sind und die aussehen wie große Würmer und mich mit großen, schwarzen Augen anschauen. Wie sie heißen weiß ich nicht. Für mich sehen sie nicht gerade appetitanregend aus, ich möchte sie noch nicht mal anfassen. Aber Massimo besteht darauf, dass ich sie probiere, er meint, ich müsse sie ja nicht anfassen, nur essen.

Da ich auf meinen Reisen meistens die einheimischen Produkte und deren Zubereitung probiere, tue ich ihm den Gefallen, ohne sie anzufassen. Nun ja, freiwillig habe ich kein zweites Exemplar mehr gegessen.

Später erfahre ich, dass es sich um Canocchie handelt, zu deutsch Heuschreckenkrebse, die man hier fängt und die zum lokalen Speiseplan gehören. Allerdings erfahre ich auch, dass man sie nicht so roh ist, wie man sie mir gereicht hat, das war mehr als Mutprobe gedacht.

Eine halbe Stunde und ein Glas Wein später, nachdem Donatella sie richtig gewürzt und in der Pfanne entsprechend zubereitet hat, schmecken sie gar nicht so schlecht.

Zu meinen Lieblingsspeise werden sie in Zukunft trotzdem nicht gehören.   ■

Über dem Wasser sitzen

Bei den vielen Bars, Ristorante und Cafés gibts bei der einen oder anderen Lokalität immer wieder kleine Besonderheiten, sei es die besondere Lage, das individuelle Angebot oder irgendetwas anderes.

Auch die American Bar am Canal Domenico, an der Ponte Translagunare direkt gegenüber dem Fischgroßmarkt, in der wir gerade einen Café zu uns nehmen, hat zwei kleine Besonderheiten.

Zunächst mal hat sie trotz des Namens nichts amerikanisches an sich, sondern es handelt sich um eine der vielen kleinen, typisch italienischen Bars mit einer kurzen Theke und drei kleinen Tischen mit Stühlen.

Die zweite, wichtigere Besonderheit ist die Terrasse, die sich vor dem Haus auf der anderen Seite der schmalen Straße befindet. Sie ist auf Pfeilern in den Kanal gebaut und überdacht, so sitzt man quasi über dem Wasser, durch die Überdachung aber bei Regen vor dem Wasser von oben geschützt. Ebenso bei schönem Wetter vor der direkten Sonneneinstrahlung.

Direkt gegenüber auf der anderen Seite des Kanals befindet sich der Fischgroßmarkt. Von hier aus hat man nicht nur einen besonders schönen Blick in den Hafen, nachmittags kann man auch den Schiffen beim Löschen ihrer Ladung zuschauen.

Ein besonderes Schauspiel ist immer wieder der lautstarke Kampf der Möwen um die abfallenden Reste. Da wird um jedes kleine Stückchen Fischabfall mit lautem Geschrei gerungen, gestritten und gekämpft.

Natürlich gibt es in einer solchen Bar neben Café, Wein und Bier auch kleine Appetithappen, die sogenannten Tramezzini oder Spuntini, hier auch süße Varianten. ∎

Bei Angelo

Wieder einmal in Chioggia. Meistens kommen wir mittags an, da wir kurz nach fünf losfahren. Ein erster Rundgang endet meist bei Angelo in seiner Bar Aurora. Wenn er mich oder uns auf dem Corso von weitem kommen sieht, steht bei Ankunft immer schon eine Flasche Wein und ein Snack auf dem Tisch.

Er weiß genau, was wir mögen, denn er und Lina waren die ersten Personen, die wir vor Jahren in Chioggia näher kennengelernt haben. Schon an einem der ersten Abende haben wir auch einige seiner Stammgäste kennengelernt. Ich erinnere mich an gemütliche Runden in der Bar mit Dino, Roberta, Mirco, Silvio, Rosa und einigen anderen.

Etliche von ihnen habe ich in den Jahren danach wiedergesehen, manche sind jedoch auch krank oder schon gestorben. Seine Bar ist eigentlich nichts besonderes, eine normale kleine Bar, in der man an der Theke oder einem der kleinen Tische einen Café oder ein Glas Wein trinkt. Im Hinterzimmer sitzen oft Gäste beim Kartenspiel oder beim Studium der Tageszeitung.

Heute Abend möchte ich ein paar Zeilen schreiben, nicht etwa Grußkarten an Bekannte oder Freunde, das mache ich lieber bei einem persönlichen Gespräch in gemütlicher Runde, wenn ich wieder zuhause bin. Heute mache ich mir nur, wie immer auf solchen Reisen, Notizen für mein Tagebuch.

Zu diesem Zweck gehe ich am liebsten zu Angelo in seine Bar Aurora am Corso del Popolo. Da passt die Umgebung am besten, auch wenn ich nicht so recht weiß, warum. Vielleicht wegen der netten Wirtsleute.

Hier bei ihm habe ich bei einer solchen Gelegenheit einen Weißwein kennengelernt, der bis heute einer meiner Lieblingsweine geblieben ist – der Verdicchio. ∎

Giocare a carte

Fast immer, wenn ich am späten Nachmittag oder am Abend in eine der vielen Bars oder Cafés komme, sehe ich Personen beim Kartenspiel, oft mehrere Gruppen an verschiedenen Tischen. Hier in der Region – wie auch anderswo in Italien – ist dies eine sehr beliebte Freizeitbeschäftigung.

Beim Spielen geht es dabei sehr unterschiedlich zu, meist ganz ruhig, aber manchmal auch mit lauten Ausrufen der Freude oder Enttäuschung.

Die beliebtesten Spiele und daher am meisten gespielt sind wohl Briscola und Scopa, die man regional in verschiedenen Varianten und mit unterschiedlichen Karten spielt (carte napoletane oder carte piacentine). Scopa ist das italienische Wort für Besen. Warum man das Spiel so nennt, habe ich noch nicht heraus gefunden.

Diese Kartenspiele können aber nicht nur ein Zeitvertreib für die Spieler sein, sondern auch für die Zuschauer, die oft rund um den Tisch stehen oder sitzen und mit Interesse das Spiel beobachten.

Von zuhause weiß ich, dass die meisten Spieler bei uns dieses sogenannte kiebitzen gar nicht mögen, hier scheint es selbstverständlich zu sein. Natürlich still und ohne Kommentare der Zuseher.

Auch ich schaue manchmal zu, obwohl ich die Spiele nicht kenne. Es ist einfach interessant, die Leute und ihre unterschiedlichen Mienen und Reaktionen zu beobachten – die der Spieler, aber auch die der Beobachter.

Bei dem oft gespielten Briscola habe ich beim Zuschauen immerhin schon die Farben herausgefunden: Münzen, Becher, Keulen und Schwerter. ∎

Auf der Fondamenta San Domenico

Fondamento San Domenico – wie oft bin ich auf dieser Straße, die westlich der Altstadt am Fischereihafen entlang verläuft, schon gegangen. Morgens, wenn der Hafen noch ruhig und verlassen daliegt, weil die Fangschiffe in der Nacht ausgelaufen sind. Einsame Leere, nur ein paar kleine Boote auf dem ruhigen Wasser in dem sich die wenigen Wolken spiegeln. Ein paar kleine Fischerboote, die schon zurück sind, weil sie nicht soweit aufs Meer hinausfahren. Auf der Straße einige wenige Fußgänger, ein paar Radfahrer, der eine oder andere Motorroller sowie vereinzelt mal ein Auto.

Besonders interessant wird es jedoch am Nachmittag, wenn die großen Fangschiffe der Fischer vom Meer zurückkehren und in Scharen zum Entladen ihres Fanges zum Fisch-Großmarkt streben oder abends, wenn sie dicht gedrängt, teilweise in Zweierreihen an der Mole festgemacht haben.

Viele Schiffsnamen sind mir inzwischen vertraut. Wenn ich die Namen lese, frage ich mich, wie man wohl den Namen für ein Schiff aussucht, auf jeden Fall individuell verschieden. Oft sind es einfach Namen, wahrscheinlich von lieben Angehörigen, wie Ronaldo, Adelia oder Leonardo, des öfteren den Großeltern gewidmet, wie Nonno Brando oder Nonna Gina sowie viele fantasievolle Namen, wie Predatore (das Raubtier), Audace (der Mutige), Gladiatore (der Gladiator) oder Zaffiro (der Saphir).

Entlang der Straße gibt es kleine Bars, in denen man am Feierabend seinen Ombra trinkt. Das L'Assaggio, wo man bei Simonetta und Paolo leckere Cicchetti und kleine Gerichte bekommt, die Osteria La Forcola, in der ich schon sehr gut gegessen habe, oder das Sottovento, in dem ich öfters mit Bekannten ein Glas Wein trinke, um nur eine ganz kleine Auswahl zu nennen. ∎

Il riso - der Reis

Wir sitzen im Innenhof eines schönen Ristorante in der Calle Corona und während des Primo, einem Risotto ai funghi porcini, einem Steinpilz-Risotto, drehen sich meine Gedanken um das Essen in Italien.

Früher gab es, was das Essen betraf, ganz klare Unterschiede zwischen Nord- und Süd-Italien. Im Norden waren vorwiegend Reis und Polenta die Grundnahrungsmittel, im Süden mehr Pasta und Pizza. Ebenso bei Käse und beim Fleisch, im Norden mehr Rind, im Süden mehr Schaf.

Hier in Chioggia und allgemein in der Region Venetien natürlich der Reis, denn wir befinden uns im Po-Delta. Entlang dessen Verlauf befinden sich die größten Reis-Anbaugebiete Europas. Nicht mehr soviel wie in früheren Jahrhunderten, aber von hier kommen die für einen guten Risotto unabdingbaren Sorten Arboria und Carnaroli. Diese speziell für Risotto besonders geeigneten Sorten enthalten mehr Stärke als Langkornreis. Die löst sich beim Kochen auf und lässt so die typisch sämige Konsistenz des Risotto-Gerichtes entstehen.

Bei der Zubereitung stößt man auf sehr viele Varianten. Bei uns am ehesten bekannt und auch in Italien sehr beliebt der Risotto alla Milanese. Sehr einfach hergestellt, neben Brühe, Parmesan und der Butter benötigt man nur etwas Safran.

Andere Varianten sind zum Beispiel Risotto mit Pilzen, mit Spinat, mit Meeresfrüchten oder als Risi Bisi mit Erbsen, um nur einige wenige zu nennen.

Ich selbst habe Risotto erst spät schätzen gelernt. Ich hatte immer den Reisbrei meiner Kindheit in nicht guter Erinnerung bis mich ein italienischer Ober vor Jahren mal überredete, Risotto zu probieren – ich liebe ihn bis heute (den Risotto).   ■

Risotto ai funghi porcini
Risotto mit Steinpilzen

Rezept

Zutaten

- 200 g Rundkornreis
  (Carnaroli oder Arborio)
- 2 Schalotten fein geschnitten
- 2 dl Weißwein
- 4 dl heiße Gemüsebrühe

- 3 EL Parmesan gerieben
- 2 EL Butter
- 1 EL Olivenöl extra vergine
- 30 gr getrocknete Steinpilze
- 4 getrocknete Tomaten

Vorbereitung

- Die getrockneten Tomaten in kleinste Würfel schneiden.
- Steinpilze in etwa 2 dl warmem Wasser 10 Minuten einweichen.
  Anschließend herausnehmen und in mittlere Stücke schneiden.
  Das Einweichwasser zur Gemüsebrühe geben.

Zubereitung

- Die Schalotten in Olivenöl andünsten
  (dürfen keine Farbe annehmen)
- Den Reis zugeben und glasig dünsten
- Mit ¾ des Weißweins ablöschen
- Pilze und Tomaten zugeben.
- Den Risotto ab und zu umrühren und bis zur sämigen Konsistenz
  einkochen, die verdunstete Flüssigkeit immer wieder durch kleine
  Zugaben von Gemüsebrühe ersetzen
- Nach 20 Minuten den restlichen Weißwein, die Butter und den
  Parmesan unterrühren
- Mit Pfeffer und ggf. Salz abschmecken

Die Speise der Armen

„Il cibo dei poveri", das Essen der Armen, so wurde die Polenta früher auch genannt. Sie war einfach und preiswert, aber auch gesund und nahrhaft. Zu dem etwas abwertenden Ruf kam sie, als sich die gehobene Gesellschaft von der Küche der normalen Bevölkerung abheben wollte.

Hauptsächlich aß und isst man Polenta im Norden Italiens. Noch heute werden im Süden die Norditaliener oft abschätzig die Polentone genannt, frei übersetzt, die Polentafresser und das ist nicht freundlich gemeint. (Allerdings haben die Norditaliener auch das entsprechende Wort für ihre Landsleute im Süden, die Terrone.)

Heute jedoch hat die Polenta den Weg zurück in die normale und auch in die gehobene Küche gefunden. Allerdings isst man sie meist nicht mehr nur als einfachen Brei, sondern als Grundlage oder Beilage für viele leckere Gerichte.

Man findet sie oft als kleinen Snack, die Cicchetti oder Spuntini, für zwischendurch zum Glas Wein. Dabei ist sie meist in kleine Scheiben geschnitten und mit allerlei Leckereien wie zum Beispiel Baccalà, Sardinen oder Tomaten und Oliven belegt. Oft aber auch als Vorspeise oder als Primo, dem ersten Gang.

Lecker auch als Beilage für ein Secondo, also zum Hauptgang, für alles Geschmorte wie zum Beispiel Ossobuco oder zu Wildgerichten wie Kaninchen- oder Wildschweinbraten.

Eines meiner Lieblingsgerichte ist Polenta mit einem Sugo aus Radicchio, Salsiccia und Tomaten, mit Scamorza oder ähnlichem Käse überbacken. Lecker aber auch mit süßen Beilagen, wie zum Beispiel mit scharfen Amaretto-Chili-Kirschen.

In meinem Bekanntenkreis gibt es nur zwei unterschiedliche Meinungen zu Polenta: Man isst sie gerne oder gar nicht. ∎

Polenta mit Salsiccia und Radicchio

Zutaten Polenta
- 125 gr Polenta
- 1/2 L Fleisch- oder Gemüsebrühe
- 100 gr Parmesan
- 1 EL Butter

Zutaten Ragout
- 200 gr Salsiccia
- 1 kl Radicchio
- Salz, Pfeffer und Gewürze
- Tomaten aus der Dose
- Öl zum Anbraten

Rezept

Zubereitung Polenta
- Polenta in einem Teil der Brühe ca. 15 Minuten kochen
  Unter rühren ständig Brühe (zuletzt evtl. auch Wasser) zugeben, so dass ein cremiger Brei entsteht.
  Am besten in beschichtetem Gefäß - setzt leicht an.
- Am Ende geriebenen Parmesan und Butter unterrühren

Zubereitung Ragout
- Radicchio klein schneiden
- Haut der Salsiccia entfernen und klein krümeln
- Zusammen in der Pfanne in etwas Öl ca. 10 Minuten anbraten
- Die gestückelten Tomaten unterrühren
- Salzen und pfeffern
- Mit italienischen Kräutern würzen
  Typisch mit Oregano, Thymian und vielleicht etwas Chili

Zusammen überbacken
- Polentabrei in eine eingefettete feuerfeste Form geben
- Das Salsiccia-Radicchio-Ragout darauf geben
- Großzügig mit Käse bestreuen
  Scamorza oder Pecorino, eventuell auch Mozzarella
- Etwa 15 Minuten bei 200° C im Backofen überbacken

Mercato del Pesce – Der Fischmarkt

Chioggia besitzt den größten Fischereihafen Italiens. Dazu gehören selbstverständlich auch Fischmärkte. Neben dem Großmarkt, Mercato ittico, für die professionellen Käufer gibt es direkt in der Stadtmitte den Fischmarkt für jedermann mit einem riesigen Angebot. Er ist täglich vormittags geöffnet außer Montag, denn der Sonntag ist auch den Fischern heilig. Am Sonntag laufen die Fangschiffe nicht aus und somit gibt es am Montag keinen frischen Fisch.

Ich bin schon viele Male durch die aus roten Planen aufgebauten Hallen geschlendert und immer wieder beeindruckt von der riesigen Vielfalt an Fischen und Meeresfrüchten, die hier auf dem Fischmarkt angeboten wird. Fast alles frisch, vom Fang des Vortages aus der Lagune und dem Adriatischen Meer.

Hier kann man nicht nur die Vielfalt bewundern, die von den Händlern teils leise, teils lautstark angeboten wird, man kann auch zusehen, wie sie die größeren Exemplare gekonnt und fachgerecht zerlegen und aufbereiten.

Viele der Fischverkäufer kenne ich inzwischen teils persönlich, teilweise nur vom Sehen bei meinen häufigen Spaziergängen durch die Markthalle.

Da ich gerne koche und dies zuhause auch täglich tue, möchte ich am liebsten sofort einige der angebotenen Köstlichkeiten kaufen. Die Verkäufer scheinen mir das anzusehen und ich muss dem einen oder anderen wieder mal erklären, dass ich im Hotel wohne und keine Möglichkeit der Zubereitung habe.

Ein Händler, der auf Muscheln spezialisiert ist, weist mich darauf hin, dass seine Muscheln auch direkt roh aus der Schale köstlich schmecken und demonstriert es auch gleich, aber das ist nicht mein Ding. ∎

Das kleine Geheimnis der Fischer

Ungefähr in der Mitte der Halle des Marktes hat Orlando, den ich etwas näher kenne und mit dem ich schon manchen Ombre am Abend getrunken habe, seinen Stand. Wir wechseln ein paar Worte und uns stände eigentlich der Sinn nach einem Café.

Der Fischmarkt befindet sich auf der Rückseite des historischen Palazzo Granaio, während sich auf der Vorderseite dieses Palazzo am Corso del Popolo eine kleine Bar befindet. Um dorthin zu kommen, müsste man um das recht große Gebäude herumlaufen. Solange können die Fischhändler ihren Stand aber nicht alleine lassen. Da ein Café ab und zu aber sozusagen zur Arbeit dazugehört, existiert eine andere Lösung.

Von der Rückseite der Verkaufsstände, an der die Verkäufer stehen, gibt es einen etwas versteckten, unauffälligen Weg zum Hintereingang der Bar. Da sind es dann nur ein paar Meter, allerdings nur für die Händler und nicht für Besucher, die ja hinter den Ständen nichts zu suchen haben.

Eines Tages, als ich mich gerade auf dem Fischmarkt aufhalte, muss Orlando etwas erledigen, das ein paar Minuten dauert, und ich darf ihn an seinem Fischstand vertreten. Die angebotenen Fische sind alle mit Namen und Preisen versehen. Trotzdem bin ich froh, dass während dieser Minuten kein ernsthafter Interessent kommt. Meine mageren Sprachkenntnisse hätten vielleicht ausgereicht etwas anzubieten, aber über die einzelnen Fischsorten hätte ich nichts sagen können.

Anschließend zeigt Orlando mir dann diesen speziellen Weg zum Hintereingang der Bar und wir trinken einen Café.

Es ist schon so etwas wie eine Ehre, dass ich als Fremder diesen Schleichweg, hinter den Ständen die Fischverkäufer, in Zukunft benutzen darf. ∎

Einfach zu machen
und lecker zu einem
Glas Weisswein.

Gebratene Sardinen
Sarde fritte

Rezept

Zutaten
- Sardinen
- Salz und Pfeffer
- Mehl
- Öl *zum anbraten*

Zubereitung
- Sardinen ausnehmen
  Reinigen, Kopf, Mittelgräte und Darm entfernen
  oder fertig ausgenommen kaufen
- Mit Küchenpapier trocknen
- Salzen und pfeffern
- In Mehl wenden
- In der Pfanne in Öl anbraten
  Auf Küchenpapier abtropfen lassen

  Geht auch in der Fritteuse, im Backofen
  oder auf dem Grill

Torre di Sant'Andrea – Der antike Uhrenturm

Im nördlichen Drittel des Corso del Popolo steht der weithin sichtbare Turm der Kirche Sant'Andrea. An seiner Vorderseite befindet sich die älteste funktionierende mittelalterliche Turmuhr der Welt. Gebaut wurde sie 1386 von Jacopo Dondi, Arzt, Astronom und Uhrmacher aus Chioggia. In den Besitz der Pfarrgemeinde Sant'Andrea in Chioggia kam sie im Jahr 1839.

Im Laufe der Jahrhunderte wurden einige Veränderungen und Reparaturen durchgeführt, der ursprüngliche Aufbau der Uhr ist jedoch über die ganze Zeit nahezu unverändert geblieben.

Der Turm ist am Sonntag Vormittag für Besucher geöffnet und die Mechanik der Uhr lässt sich im fünften Stockwerk geschützt durch Acrylglas-Scheiben betrachten.

Steigt man bis ganz oben hinauf in die Glockenkammer, kann man nicht nur die Glocken bewundern, sondern man hat auch einen fantastischen Ausblick auf die Stadt und die Lagune.

In den unteren Stockwerken befindet sich ein kleines, interessantes und liebevoll eingerichtetes Museum. Gezeigt werden unter anderem Original-Dokumente über den Turm und die Uhr, eine Sammlung von Ex-Voten als Zeugnisse „religiöser Frömmigkeit", eine Stola des Patriarchen von Venedig und vieles mehr.

Ich habe bei meinem ersten Besuch das Glück, die Männer zu treffen, die sich ehrenamtlich um die Uhr kümmern. Sie erklären mir ausführlich die Technik und die Daten. Man entfernte sogar die Schutzscheiben aus Acrylglas und ich durfte direkt Hand anlegen. Sie haben unendliche Geduld und Ausdauer bewiesen, den ich verstehe zwar etwas von Technik und Mechanik, aber mein Italienisch lässt besonders in diesem Bereich doch sehr zu wünschen übrig.   ∎

El Zioba - der Wochenmarkt in Chioggia

„El Zioba" heißt der Wochenmarkt, der jeden Donnerstag Vormittag in Chioggias Altstadt stattfindet. Er erstreckt ich über den gesamten Corso del Popolo von der Porta Garibaldi bis zur Piazzetta Vigo am Fährhafen. Er beginnt sehr früh morgens und endet gegen 14 Uhr.

Dieser Markt, der erstmals im Jahr 1852 stattfand, ist heute einer der größten und bekanntesten in ganz Venetien. Im Sommer natürlich eine Attraktion für die vielen Touristen der naheliegenden Strände, aber auch viele der Einheimischen lassen sich den traditionellen, wöchentlichen Bummel über den bunten, lebhaften Markt nicht nehmen.

Unter den zahlreich angebotenen Produkten der bunten Marktstände findet man köstliche Speisen, regionale Lebensmittel sowie frisches Obst, Gemüse, Pflanzen und Blumen, aber auch Kleidung, Schuhe, Taschen, Schmuck, Werkzeuge und Küchengeräte – wie halt auf solchen Märkten in Italien üblich.

Am oberen Ende des Marktes findet man, wie auf vielen italienischen Märkten, auch Kanarienvögel. Denn in einer richtigen italienischen Wohnung hängt ja wohl über einem der Fenster ein Käfig mit einem solchen Vogel - wie es *Toto Cotugno* in seinem Erfolgsschlager *Lasciatemi cantare* besingt.

Ich bin schon oft über diesen Markt gebummelt. Meist hatte ich nicht die Absicht etwas zu kaufen, aber oft kommt es dann doch anders. So habe ich hier unter anderem schon einige Töpfe und andere Artikel für die Küche gekauft, nicht etwa wegen Preis oder Qualität, sondern weil mich das italienische Design oft mehr anspricht. Ähnlich geht es mit Lederwaren, wie zum Beispiel Gürtel aus Büffelleder. Am meisten hat mich jedoch überrascht, dass man hier Schuhe in Größe 48 und 49 findet. ∎

Limoncello alla Barista

Bei einem Spaziergang entlang des Corso del Popolo mache ich einen Stopp im Il Corsino, einer der ganz kleinen Bars, im historischen Palazzo Granaio.

Eigentlich wollte ich nur einen Café trinken, was ich auch tue, aber dann leuchtet mir aus dem Regal hinter der Theke etwas gelbes entgegen – eine Flasche Limoncello. Dieser Zitronenlikör ist einer unserer Lieblingsgetränke, davon muss ich mir natürlich ein Gläschen bestellen. Doch dann kommt die Überraschung. Die nette und überaus freundliche Barista serviert mir den Limoncello wie gewünscht, aber mit der Bitte, ihn noch nicht zu trinken. Etwas verwundert befolge ich den Wunsch und sehe, wie sie einer Schublade eine in gelbem Glanzpapier verpackte Praline entnimmt.

Dann dauert es eine ganz Weile, bis ich mit meinen begrenzten Italienisch-Kenntnissen begriffen habe, was sie mir erklären will. Aber die Dame hat Geduld mit mir.

Sie erklärt mir, ich solle die mit Zitronencreme gefüllte Praline im Mund zergehen lassen, bis ich neben der Schokolade die Zitrone schmecke und dann mit dem Limoncello gemeinsam genießen.

Die italienischen Worte und Ausdrücke für zum Beispiel schmelzen oder auf der Zunge zergehen lassen und ähnliches kannte ich bis dahin nicht. Ich habe sie inzwischen auch wieder vergessen, aber nicht vergessen habe ich das köstliche Geschmackserlebnis – ein echter Genuss.

Ich habe auch zuhause schon viele Limoncello getrunken und festgestellt, dass die meisten gekauften für meinen Geschmack etwas zu süß sind, deshalb habe ich angefangen das Getränk selbst anzusetzen. ∎

Limoncello

Rezept

Zutaten für 2 Liter
- 1 Liter Alkohol (96 % Vol. o.ä.)
- 1 Liter Wasser
- 300 gr Zucker
- Schalen von 6 Zitronen

Zubereitung
- Zitronen schälen
  *Sehr dünn schälen, möglichst nur
  das Gelbe, wenig Weißes*
- Zitronen und Alkohol in eine geschlossenes
  Gefäß geben und 3 bis 4 Wochen stehen lassen

- Wasser erhitzen und den Zucker darin auflösen.
- Abkühlen lassen
- Die Schalen aus dem Alkohol nehmen
- Wasser und Alkohol mischen

*Das Getränk ist nach diesem Rezept sehr stark,
deshalb eventuell mit weiterem Wasser verdünnen.*

*Der Alkohol, den es in Deutschland nur in
Apotheken gibt, ist sehr teuer. In Italien gibt es ihn
preiswert in jedem Supermarkt.*

Das überraschende Geburtstags-Geschenk

Als ich im Frühjahr hier war, hatte Orlanda mir ein paar sehr alte, ziemlich ramponierte Fotos gezeigt und gefragt, ob man die noch restaurieren könne. Sie seien ihm sehr wichtig, weil sie unwiederbringliche Situationen wiedergeben.

Sie zeigen ihn und ein paar Freunde bei einer besonderen Arbeit, der Demontage, der Restauration und der anschließenden Installation einer Engelsfigur, die die Turmspitze eines der historischen Gebäude zierte und ziert – des Oratorium dei Rossi. Außerdem einige Fotos von Feierlichkeiten und historischen Veranstaltungen.

Ich habe es dann zuhause am Computer versucht. Es war zwar aufwendig und mit ziemlich Arbeit verbunden, aber was daraus geworden ist, kann sich wohl sehen lassen.

Es ist früher Abend, als ich heute, ein halbes Jahr später, bei durchwachsenem Wetter mit den Bildern in der Tasche das L'Assaggio betrete. Orlando sitzt mit einigen Freunden in ausgelassener Runde. Das ist soweit nicht ungewöhnlich, ich habe mit den meisten von ihnen auch schon einige gesellige Abende verbracht.

Heute ist jedoch ein ganz besonderer Tag. Orlando feiert seinen 70. Geburtstag, das habe ich nicht gewusst. Keine große Feier, sondern ein gemütliches Zusammensein mit Freunden. Wir sind beide sehr überrascht, dass ich ausgerechnet heute in Chioggia angekommen bin – reiner Zufall.

Für ihn ist die Überraschung allerdings noch viel größer, als ich ihm als kleines Geburtstagsgeschenk die restaurierten Fotos überreiche, über die er sich sichtlich freut und geradezu begeistert ist. Dieses Mal hat der glückliche Zufall richtig und gleich doppelt zugeschlagen.   ■

Jackie Tonight

Es gibt einen Mann – nein – ein Original in Chioggia: Jackie Tonight. Aber ich beginne von vorn.

Ich hatte schon des öfteren einen Mann mit Vollbart laufen oder im Café sitzen sehen, der auf den ersten Blick – wie soll ich sagen – nicht gerade vertrauenserweckend aussieht, fast ein bisschen heruntergekommen – aber weit gefehlt.

Eines Abends laufe ich an einem sehr alten Haus in der Calle Ponte Caneva vorbei. Heute weiß ich, es ist das älteste in Chioggia und es gehört Jackie. Während ich von der interessanten Fassade ein Foto mache, geht die Tür auf und eben dieser besagte Mann kommt heraus und fragt mich freundlich, ob ich das Haus auch von innen sehen möchte. Zunächst bin ich mir nicht sicher, ob er das ironisch meint, weil er sich belästigt fühlt. Aber es ist ihm ernst, er bittet mich hinein und zeigt mir das komplette Haus von innen.

Dann stellt er die einfache Frage rot oder weiß? Ich begreife sofort, das er von Wein spricht und so trinken wir gemeinsam ein Gläschen. Er erzählt mir seine Lebensgeschichte in einem Gemisch aus italienisch, englisch und französisch sowie ein paar Brocken in deutsch. Ein äußerst interessantes Leben überwiegend in der internationalen Filmbranche, das ihm irgendwann entglitten ist. Heute lebt er zufrieden in seinem Haus und lädt Leute zum Essen und zum Geschichten erzählen ein.

Anschließend gehen wir durch die Stadt zum Hotel Italia und trinken dort auf der Terrasse noch ein Glas. Als ich von der Toilette zurückkomme, gehe ich an die Bar, um die Rechnung für die freundliche Einladung zu begleichen, aber die Barista lehnt ab mit den Worten: Jackie würde mir nie verzeihen, wenn ich von einem seiner Gäste Geld annehmen würde. ■

Negozi – soziale Treffpunkte

Chioggia ist eine recht große Stadt, die sich überwiegend auf dem Festland erstreckt. Somit gibt es auch große Supermärkte und Kaufhäuser. In der Altstadt auf der Insel sieht das allerdings anders aus. Hier sind die wenigen Supermärkte von COOP und SISA für unsere Verhältnisse winzig.

Dafür gibt es eine Unmenge kleiner und kleinster Geschäfte – die Negozi. Hier bekommt man alles, was man zum Leben braucht, Lebensmittelgeschäfte (negozio di alimentari), Bäcker (il panettiere), Metzger (il macellaio) für das leibliche Wohl, aber auch viele Läden für Bekleidung, Schuhe, Haushaltswaren, Papier und so weiter, und es gibt noch den täglichen Markt.

Dann sind da natürlich noch die nicht aus einem italienischen Stadtbild wegzudenkenden Zeitungskioske (l'edicola) mit ihrem überladenden Angebot an lokalen und überregionalen Zeitungen und Magazinen.

Ebenso typisch italienisch die Tabacchi. In früheren Zeiten hatten diese das Monopol auf den Verkauf von Salz, aber das ist längst Geschichte. Heute bekommt man in den Tabacchi immer noch Tabakwaren und alles, was dazu gehört, aber auch Fahrkarten, Lose und andere wichtige und unwichtige Kleinigkeiten.

Was mir immer wieder bei meinen Spaziergängen und meinen Einkäufen auffällt, ist das Fehlen der bei schon oft gewohnten Hektik beim Einkaufen. Die Läden sind regelrecht soziale Treffpunkte, man kauft nicht nur ein, man trifft sich, steht beieinander, hält ein Schwätzchen oder tauscht Neuigkeiten aus und das alles ohne Eile und Hektik. Etwas, das ich in unserer sogenannten modernen Gesellschaft immer mehr vermisse. Wenn ich an zuhause denke, da gibt es das höchstens noch auf dem Wochenmarkt. ∎

Der tägliche Markt

Ich liebe Märkte, gleich ob ich tatsächlich etwas kaufe oder, wie hier in Chioggia, nur als Spaziergänger und Beobachter an den Ständen entlang laufe. Am Ufer des Canal Vena findet jeden Tag ein Markt statt. Obst und Gemüse wird hier angeboten, aber auch Salume und Käse. Salume könnte man am ehesten mit Wurstwaren übersetzen, aber dazu gehören auch Schinken und Speck, und die gibt es hier in riesiger Vielfalt.

Allein der Gedanke an den Verzehr von Parma- oder San Daniele-Schinken oder die vielen verschiedenen Salamisorten lässt mir das Wasser im Mund zusammen laufen. Bei den vielen Käsesorten, wie Provolone, Pecorino, Fontina, Burrata, Gorgonzola, Scamorza und und ... von Kuh, Ziege, Schaf oder Büffel geht es nicht anders. Wenn ich auf einem Preisschild nur das Wort Guanciale lese, glaube ich Spaghetti Carbonara auf der Zunge zu spüren.

Ebenso groß die Auswahl an Salaten und Gemüsen, denn in der Gegend um Chioggia wird viel Gemüse angebaut. Solche Lebensmittel kauft man hier meist auf dem Markt und nicht im Supermarkt, wo sie daher auch kaum angeboten werden.

Wir lassen uns vor der Bar BaRiva Vena nieder und beobachten bei einem Café das Treiben. Wenn ich zuschaue, was die Frauen so einkaufen, versuche ich mir vorzustellen, was bei ihnen wohl heute Mittag auf dem Tisch steht.

Bei einer solchen Gelegenheit haben wir eine ältere Dame kennengelernt, die seit Jahren am gleichen Platz sitzt und Artischocken aufbereitet. Jedes Jahr begrüßt sie uns freundlich und wir reden ein paar Worte. Dieses Jahr ist sie nicht da. Einen Tag später treffen wir sie in einem Café und sie erzählt uns, dass sie jetzt im Ruhestand ist – mit circa neunzig Jahren. ■

Das Astrarium von Giovanni Dondi

im „Museo di Civico della Laguna Sud" gibt es eine Besonderheit, das Astrarium von Giovanni Dondi, das als Wunder seiner Zeit gilt. Die Uhr ist natürlich eine Replik, denn das Original wurde im Jahr 1390 zerstört.

Der 1318 in Chioggia geborene Giovanni Dondi war ein italienischer Gelehrter und Hochschullehrer. Er entwickelte das Astrarium, eine der ersten öffentlichen astronomischen Uhren der Welt. Nur etwa 60 Jahre nach dem Bau der ersten mechanischen Uhren in Europa und er gilt heute als Pionier des Uhrenbaus.

Das Astrariums ist eine mechanische Räderuhr mit Gewichtantrieb und Schlagwerk. Dondi schloss diese Arbeit 1364 nach 16 Jahren Entwicklung ab und ließ seine Erfindung auf dem großen Marktplatz von Padua aufstellen. Die Uhr zeigte u. a. den Lauf der Sonne, des Mondes und der damals bekannten fünf Planeten Venus, Mars, Saturn, Merkur und Jupiter um die Erde als Zentrum – gemäß des damals vorherrschenden ptolemäischen Weltbildes. Außerdem wurde erstmals die Länge eines jeden Tages in Stunden und Minuten, das genaue Datum und der Name des zu ehrenden Heiligen angezeigt.

Ich hatte das Glück in Chioggia Aldo Bullo, den anerkannten Experten in mittelalterlichen Mechanismen kennenzulernen, der mir im Museum in aller Ruhe das Astrarium in seinen Grundzügen erklärte.

Eine extrem beeindruckende Mechanik, Komplexität und Präzision auch für jemanden, der wie ich einen technischen Beruf in der Fachrichtung Maschinenbau gelernt hat.

Hier sei Aldo Bullo nochmals Dank gesagt, dass er sich von meinen mäßigen Italienisch-Kenntnissen nicht abschrecken ließ und mir auch das Fotografieren erlaubte.   ▪

Auf der Fondamenta Canal Lombardo

Die Hauptinsel, auf der sich Chioggias eigentlicher Altstadtkern rund um den Corso del Popolo und den Canal Vena, befindet, wird im Osten durch den Canal S. Domenico begrenzt, im Westen ist es der Canal Lombardo. Auch hier liegen Schiffe an der Mole, auch hier führt eine Straße entlang des gesamten Kanals, die Fondamenta Canal Lombardo. Allerdings geht es hier nicht so lebhaft zu, nicht so viele Schiffe, weil es hier keinen Fischgroßmarkt gibt, an dem die Fangschiffe entladen werden. Aber auch hier gibt es entlang des Kanals Bars, Cafés und Ristorante sowie kleine Läden.

Blickt man auf die andere Seite des Kanals, so sieht es dort anders aus. Dort befinden sich Wohnviertel und ein ehemaliges Industriegelände, das zur Zeit in Wohnviertel umgebaut wird. Dahinter, von hier aus nicht zu sehen, befindet sich am nördlichen Ende der Hafen Chioggias und der Industriehafen.

Am Ende des unteren Drittels des Canal Lombardo führt die einzige Brücke zur anderen Seite und zwar eine Fußgängerbrücke, allerdings barrierefrei, also auch für Gehbehinderte und Radfahrer (a mano) nutzbar.

Heute sitzen wir in der Trattoria Al Capitello direkt am Kanal und erfreuen unsere Gaumen mit Fisch und Meeresfrüchten, die allesamt frisch sind. Es gibt sogar eine deutsche Speisekarte, in Chioggia sehr ungewöhnlich, wenn nicht sogar einmalig.

Eine Vorspeisenplatte Cicchetti del Capitello, dazu einen guten regionalen Prosecco. Als primo ein Risotto al giorno und als secondo Frittura mista con verdure pastellate. Dazu einen leichten Weißwein. Nach einem abschließenden Café und einem Grappa stellen wir wieder einmal fest, dass es eigentlich zuviel war, aber einfach exzellent. ∎

La pipa chioggiotta – Die Chioggia-Pfeife

Chioggia war einst weltberühmt für seine Tabakpfeifen. Die Pfeifen-Herstellung lässt sich bis in das 17. Jahrhundert zurück verfolgen. Für die Herstellung des Pfeifenkopfes wurde Lehm aus dem nahen Po verwendet. Das Mundstück wurde aus dem Holz eines bestimmten Kirschbaumes erstellt. Nach 1945 starb der letzte Piparo (Pfeifenmacher) der Stadt und die Tradition schien verloren zu gehen.

Der Künstler Giorgio Boscolo betrieb ausgiebige Studien zu diesem Thema (und veröffentlichte ein Buch darüber) und fertigt heute Pfeifen in verschiedenen Formen nach alten Vorbildern, wie zum Beispiel die einfach geformte Pfeife aus roter Erde des 17. Jahrhunderts oder die gelbe, verzierte Pfeife des achtzehnten bis Mitte des neunzehnten Jahrhunderts.

Heute ist der erfahrene Künstler und Handwerker der einzige, der sich auf die Herstellung der klassischen Chioggia-Pfeife versteht und diese Tradition am Leben erhält. Er hat seine Werkstatt und seinen kleinen Laden im historischen Palazzo Granaio am Corso del Popolo in Chioggia.

Ich hatte Gelegenheit Giorgio Boscolo in seinem kleinen Atelier kennzulernen. Er fertigt jedoch nicht nur die klassischen Chioggia-Pfeifen, sondern auch andere Skulpturen und Gegenstände aus Ton und Keramik. Außerdem ist er mit der Zeit einer der führenden Fachleute der Region geworden, wenn es um historische Funde aus Terrakotta und Keramiken geht.

Die Chioggia-Pfeife aber ist zu einer echten Skulptur geworden und eignet sich nicht nur zum Rauchen, sondern ist auch sehr dekorativ. Da ich Nichtraucher bin, hat eine seiner Pfeifen schon seit Jahren einen Platz in meinem Arbeits- und Lesezimmer gefunden, neben einigen anderen seiner Werke. ∎

In der Werft

Das Wetter ist durchwachsen und ich sitze mit einigen Bekannten bei einem Glas Wein im Sottovento. In dieser Runde lerne ich Anna kennen, ein sehr nette Dame aus dem südlicheren Italien. Sie ist Schiffseignerin auf Elba und schippert dort Touristen um die Insel. Anna hat in Venedig ein größeres gebrauchtes Schiff gekauft, das nun in einer Werft in Chioggia renoviert und generalüberholt wird.

Bei meinen Spaziergängen entlang des Canal Domenico habe ich oft hinübergeschaut zu den Werften auf der gegenüberliegenden Seite. Sie wirken auf mich ziemlich alt und marode, aber ich weiß aus meiner Erfahrung von der Nordsee, dass Betriebe, die mit Stahl und Eisen an der Seeluft arbeiten, oft so rostig aussehen, obwohl sie intakt sind. Auf jeden Fall wird in den Trockendocks täglich gearbeitet.

Nun habe ich die Möglichkeit, eine der Werften etwas genauer aus der Nähe anzuschauen, denn Anna hat mich für die nächsten Tage auf ihr Schiff eingeladen.

Da lasse ich mich natürlich nicht lange bitten und so stehe ich heute, einen Tag später, an einem der Tore des Werftgeländes. Anna winkt mir von weitem und führt mich durch verschiedene Hallen zu ihrem Schiff. Nun sehe ich, dass das Innere der Werfthallen gar nicht marode ist und dass hier auch viele sehr moderne Schiffe und kleine Jachten gewartet oder repariert werden.

Am Schiff angekommen kann ich den Handwerkern zuschauen und als ich die fertigen Bereiche des Schiffes sehe, kann ich mir vorstellen, dass es in ein paar Wochen wieder wie neu glänzen wird. Von einem Handwerker erfahre ich, dass etliche Teile des Werftgeländes unter Denkmalschutz stehen und daher, zumindest von außen, nicht modernisiert werden dürfen. ∎

Il mercato ittico – Der Fischgroßmarkt

Zu einer Stadt, die von sich behaupten kann sie habe den größten Fischereihafen Italiens, gehört natürlich auch ein entsprechender Fisch-Großmarkt.

Hier findet man ihn auf der Isola dei cantieri, die von der Altstadt durch den Canal Domenico getrennt ist. Die Auktionshalle ist für die Händler und Großkunden gedacht und für die Allgemeinheit nicht zugänglich. Aber man kann als Besucher auf das Gelände außerhalb der Halle und die Aktivitäten beobachten. Wenn man stört, wird man schon darauf hingewiesen.

Ich stehe auf der der Stadt zugewandten Seite am Canal Domenico und schaue dem Entladen der Fangschiffe zu. Bereits auf See in temperaturisolierende Styroporboxen sortiert wird der Fang hier zügig ausgeladen und in reichlich Eis verpackt. Dann geht die Ware in die große Auktionshalle. Eine größere Menge wird jedoch auch sofort in die wartenden riesigen Kühllaster gepackt. Sie wurde wahrscheinlich schon auf dem Meer online versteigert.

Durch die Fenster der großen Halle beobachte ich das Geschehen innen. Auffallend ist die Prozedur der Versteigerung. Hier geht es nicht automatisiert und auch nicht lautstark zu, wie ich es schon auf anderen Großmärkten erlebt habe. Hier flüstert der potenzielle Käufer dem Verkäufer diskret ins Ohr, das heißt, seine möglichen Mitbieter bekommen nicht mit was gerade geboten wurde. Ein altes, traditionelles Verfahren, das sich wohl über lange Zeit bewährt hat.

Draußen vor der Halle drängen sich neben den Großlastern die vielen kleinen Fahrzeuge der Fischhändler und Restaurantbesitzer, meist kleine dreirädrige Kleinstlaster – die berühmte Ape – mit einer Kühlbox auf der Ladefläche montiert. ■

Direktvermarkter

Hier im Hafen legen nicht nur die großen Schiffe der Fangflotte an, sondern auch Fischer mit kleinen Booten und dementsprechend kleinen Fängen finden ihre Abnehmer.

Während ich an der Ostseite der Isola dei cantieri das Ausladen der Fänge beobachte, sehe ich, wie ein Fischer mit einem kleinen Boot an einer Stelle anlegt, an der er bereits von zwei Männern erwartet wird.

Nach einer Begrüßung und einem kurzen Gespräch werden zwei mit frischem Fisch gefüllte Körbe an Land gehievt. Für den Transport haben die Männer einen Handkarren mitgebracht, auf dem die Ladung verstaut wird. Man redet noch eine Weile, vielleicht verhandelt man auch, bevor die beiden Männer mit ihrer Ladung auf dem Handkarren davon ziehen.

So macht hier jeder sein Geschäft in der Größe, die für ihn passt und auf die Art, die ihm gefällt. Dabei spielen sicher auch lange Traditionen und alte Gewohnheiten eine Rolle.

Es ist schon interessant mal zu sehen, welchen Weg die Fische oder Meeresfrüchte, die man als Gast im Ristorante serviert bekommt, genommen haben.

Für mich als Hobbykoch wäre es natürlich besonders interessant, anschließend dem Koch oder der Köchin bei der Zubereitung in der Küche über die Schulter zu schauen. Wie werden die verschiedenen Spezies zerlegt, gewürzt und gebraten?

Das kann ich in kleinem Stil immerhin ab und zu in der Bar San Andrea sehen, wenn Donatella hinter der Theke ihre leckeren Cicchetti zubereitet. Wenn ich jetzt daran denke, schaue ich auf die Uhr, denn bei diesen Gedanken macht sich ein Gefühl von Hunger bemerkbar – oder haben der Anblick und die Vorstellungen nur den Appetit angeregt? ∎

Schifffahrt durch die Lagune

Wenn man auf einer Insel in der Lagune von Venedig verweilt, ist es naheliegend, auch die Lagune selbst etwas zu erkunden. Da wir kein eigenes Boot besitzen, befinden wir uns an diesem Vormittag auf einem der typischen kleinen Ausflugsschiffe, mit denen man vom Fährhafen an der Piazzetta Vigo aus durch die Lagune gondeln kann.

Einer der Vorteile dieser Fahrten ist, dass man während der Fahrt Informationen bekommt. Vorausgesetzt man versteht den italienisch sprechenden Kapitän. Mit meinen beschränkten Italischkenntnissen klappt das nicht immer, aber das wesentliche bekomme ich mit.

Zunächst fahren wir in die für solche Schiffe befahrbaren Kanäle der Insel, den Canal Lombardo und den Canal Domenico. Im Canal Vena sind die Brücken leider nicht hoch genug.

Anschließend geht es hinaus in die Lagune. Obwohl die Sonne scheint ist es hier auf dem Wasser angenehm kühl aber nicht kalt. Eine schöne ruhige Fahrt entlang der Insel Pellestrina, dem schmalen, circa 25 km langen Landstreifen, der die Lagune zum Mare mediterraneo, dem Mittelmeer hin begrenzt.

Auch hier lange Reihen von Fischerbooten jeder Größe vor der Kulisse bunter kleiner Häuser und Kirchen. Eine Insel, die eine eigene Reise wert ist.

Ein interessantes Erlebnis ist der kurze Halt bei einigen Fischern, die hier mitten in der Lagune in ihren Muschelgärten beschäftigt sind. So wie bei normalen Landwirten wird auch hier gepflanzt und geerntet, nur dass die Früchte des Meeres nicht im Boden wachsen, sondern an Pfählen und Schnüren.

Zurück zum Ausgangspunkt sehe ich zum ersten Mal Chioggia mit der Ponte Vigo von der Lagune aus. ∎

Tolèle – Zeichen der Frömmigkeit

Überall in den Gassen Chioggias findet man sie, die Tolèle. Votivtafeln oder Votivgebilde, kleine Kunstwerke aus Holz oder Stein sowie kleine Skulpturen als Zeugen ursprünglicher Volkskunst und Frömmigkeit.

Meist angefertigt und aufgehängt um der heiligen Maria oder einem anderen, meist lokalen Heiligen für Hilfe aus der Not oder für eine Gnade zu danken und eventuell mit einem Gelübde verbunden. Manchmal als Fürbitte um kommendes Unglück, Not oder Schicksalsschläge fern zu halten.

Diese Votivbilder sind meist in sehr einfachem aber eindrucksvollem Stil und sehr farbenfroh angefertigt. Häufig findet man häusliche, familiäre Motive des Alltags, mit denen man sich bedankt für Geschehnisse, wie einer wundersamen Heilung oder für den guten Ausgang alltäglicher Missgeschicke und Unglücke.

Da Chioggia eine Stadt mit langer Tradition in der Seefahrt ist, findet man jedoch überwiegend Themen des Meeres, des Fischfangs und der Seefahrt. Sei es die Rettung aus stürmischer See, aus Unwettern, Rettung bei Schiffsunglücken und ähnlichen Szenen der Seenot. Manchmal auch versehen mit Ort und Zeit des Geschehens sowie mit Initialen oder Pseudonymen.

Diese teils wunderschönen Werke zeugen von Glauben und Gottvertrauen der Menschen und sind typisch für Chioggia als Fischerort mit langer Geschichte und Tradition.

Wenn auch viele der Häuser, an deren Wände die Votive hängen, alt und etwas heruntergekommen sind, die Tolèle sind immer sehr gepflegt und selten in Vergessenheit geraten.

Weitere Votive dieser Art findet man in den vielen Kirchen Chioggias.   ∎

Museen in Chioggia

Museo dell'Orologio

Das Museum im Uhrenturm befasst sich nicht nur mit der historischen Uhr, sondern beherbergt auch eine kleines, liebevoll eingerichtetes Museum, das auch noch mehr zu bieten hat. Etwas mehr dazu auf Seite 54. *Torre dell'orologio, Corso del Popolo*

Museo di Civico della Laguna Sud

Das Museum der südlichen Lagune zeigt etliches zur Geschichte der Lagunen sowie einiges zur Entstehung Venedigs und Chioggias. Dazu etwas Nautik und das auf Seite 68 beschriebene Astrarium. *Campo Guglielmo Marconi, 1, 30015 Chioggia*

Museo di Zoologia Adriatica Giuseppe Olivi

Das Museum für Adriatische Zoologie befasst sich, wie der Name sagt, mit der Zoologie der Lagune und umfasst eine große Sammlung von Meerestieren. *Palazzo Grassi Riva Canal Vena*

Museo Pinacoteca della Santissima Trinita

Eigentlich eine Kirche, aber in Wirklichkeit eine große Galerie. Bilder bekannter Künstler an den Wänden und an der Decke der Kirche und des Oratoriums sowie bemerkenswerte Kruzifixe und Holzstatuen (Seite 92). *Piazza XX Settembre*

Museo Diocesano d'Arte Sacra di Chioggia

Das Diözesanmuseum für Sakrale Kunst, das im Bischofspalast untergebracht ist, zeigt historische sakrale Kunstgegenstände und liturgische Gegenstände aus verschiedenen Jahrhunderten sowie Bilder und eine Sammlung besonderer Votiv-Tafeln (Seite 82). *Piazzale Duomo*

Cattedrale di Santa Maria Assunta

Wir stehen vor dem mächtigen barocken Dom am südlichen Ende des Corso del Popolo. Seit dem 11. Jahrhundert ist Chioggia Bischofssitz und hat dementsprechend eine entsprechende Kirche, die barocke Cattedrale di Santa Maria Assunta.

Dieses größte Gebäude der Stadt wurde auf dem Fundament eines alten Tempels erbaut. Das Äußere der Kirche ist mit unverputzten Ziegeln sehr einfach gehalten. An der Vorderseite des Gebäudes befinden sich in zwei Nischen die Statuen der Schutzheiligen von Chioggia, Felice und Fortunato, deren Reliquien in den beiden Kapellen an den Seiten der Apsis aufbewahrt werden.

Das Innere der Kirche beherbergt in den beiden Seitenschiffen sechs Altäre, die mit Altarbildern vieler bekannter Künstler geschmückt sind, darunter Jacopo Palma der Junge und Francesco Rosa. Bemerkenswert sind das Baptisterium (1700–1708) und die Kanzel, die 1677 von Bartolomeo Cavalieri geschaffen wurde.

Beeindruckend ist auch der separat stehende, 64 Meter hohe Glockenturm, der ebenfalls aus dem 12. Jahrhundert stammt. Über dem Eingang befindet sich ein Flachrelief aus dem Jahr 1300, das die Madonna del Riposo zeigt, zur Erinnerung an Papst Alexander III der im Jahr 1177 mit Federico Barbarossa den Frieden zwischen dem Reich und dem Papsttum unterzeichnete .

Die Kirche ist aber nicht nur eine Sehenswürdigkeit für Kunstinteressierte und Touristen, sondern hier gibt es eine aktive Pfarrgemeinde und somit auch regelmäßig stattfindende Gottesdienste.

Das gilt auch für fast alle anderen Kirchen auf der Insel.   ■

Die Kirche San Domenico

Am Ende der Calle Santa Croce, auf einer kleinen Insel auf der anderen Seite der Brücke, die den Canal S. Domenico überquert, befindet sich die Kirche San Domenico, ein antikes Dominikanerkloster, das 1287 gegründet wurde.

Diese romanische Kirche ist reich an künstlerischen Werken. Unter den verschiedenen Kunstwerken sticht „Saint Paul Stigmatized" heraus, das letzte bekannte Werk von Vittore Carpaccio.

Aber auch viele andere Werke weltbekannter Künstler, wie „Der gekreuzigte Jesus erscheint Thomas von Aquin und spricht mit ihm" von Jacopo Tintoretto, „L'Orazione nell'orto" (Christus am Ölberg) von Luigi Benfatto genannt Alvise dal Friso, „Battaglia contro gli Albigesi" (Schlacht gegen die Albigenser) von Pietro Domini oder „La Pietà e i Santi" (Die Pietà und die Heiligen) von Leandro Bassano.

Interessant ist auch die Legende vom mysteriösen Christus-Fischerkreuz (oder „Das Kreuz, das aus dem Meer kam"). Die Herkunft des Kreuzes ist unbekannt und der Gesichtsausdruck des Gekreuzigten ändert sich je nach Standpunkt.

Eine geschichtliche Besonderheit ist eine von der lokalen Bevölkerung verehrte Kruzifix-Plastik aus dem 14. Jahrhundert, die aus Baumstämmen besteht. Auf der Spitze befindet sich ein geschnitzter Pelikan, der das Opfer Christi am Kreuz symbolisiert. Wenn dieses große Kreuz außerhalb der Kirche in einer Prozession getragen wurde (sechs Mal), musste jedes Mal das Kirchenportal abgerissen und wieder aufgebaut werden.

Zur Zeit der Cholera-Epidemie, Ende des Jahres 1911, war die kleine Insel gesperrt. Auf ihr befand sich zu dieser Zeit ein Jesuitenkloster, das an ein Lazarett für die Kranken angrenzte und so war die Insel Quarantäneort. ∎

Sonstige Kirchen in Chioggia

Auf der Insel gibt es neben dem Dom und der Chiesa San Domenico noch einige bemerkenswerte Kirchen. Alle im Detail aufzuführen wäre an dieser Stelle zuviel, deshalb hier nur ein paar kurze Infos zu einigen von ihnen.

Chiesa di San Andrea

Die Kirche, zu der der dreißig Meter hohe Glockenturm mit der ältesten Turmuhr der Welt gehört, der auf Seite 54 beschrieben ist.

Chiesa di San Francesco

Nach der Zerstörung der Kirche *Francesco fuori le mura* während des Krieges von Chioggia wurde diese San Francesco geweihte Kirche erbaut. Unter den vielen hochkarätigen Kunstwerken im Inneren befinden sich beispielsweise „Franz von Assisi in Ekstase" (18. Jahrhundert) und „Franz von Assisi mit dem Kreuz" (17. Jahrhundert), die Van Dyck zugeschrieben werden.

Chiesa di Santa Caterina

Die Kirche der Heiligen Katharina wurde 1384 mit dem Kloster erbaut, in dem die Nonnen der Heiligen Katharina nach der Zerstörung ihres Klosters aufgrund des Krieges von Chioggia Zuflucht fanden. Hier wird unter anderem ein Bild der „Madonna della Salute" aufbewahrt.

Chiesa di San Martino

Der zwischen 1383 und 1385 erbaute kleine Tempel des Heiligen Martin befindet sich neben der Kathedrale. Dieser Tempel im venezianischen antik-gotischen Stil beherbergt viele Kunstwerke, die derzeit im Diözesanmuseum untergebracht sind .

Außer den hier genannten Kirchen befinden sich noch einige andere auf der Insel, die hochkarätige Kunstwerke beherbergen und für Kunstfreunde einen Besuch wert sind. ∎

Oratorio dei Rossi

Sitzt man am Canal Vena vor der Bar BaRiva Vena oder dem Casa del Cafè schaut man auf ein bemerkenswert großes Gebäude auf der anderen Seite des Kanals, die Kirche *Santissima Trinità dei Rossi*, Kirche der Heiligen Dreifaltigkeit, auch kurz *Oratorio dei Rossi* genannt.

Es ist eines der ältesten und wichtigsten Denkmäler der Stadt. Die ursprüngliche Kirche wurde im 16. Jahrhundert erbaut. Das heutige Gebäude ist ein Rekonstruktion aus dem 18. Jahrhundert des Architekten Andrea Tirali, der bereits den Boden des Markusplatzes in Venedig realisiert hatte.

Innerhalb dieses Komplexes befindet sich das Oratorium der Confraternita dei Rossi dei Battuti. Der Name des Oratoriums ist begründet in der Farbe der von der Bruderschaft getragenen roten Bußgewänder.

In den wertvollen Gemälden, die die Kirche beherbergt, erkennt der Fachmann unschwer den Stil Tintorettos, von dem sich die lokalen Künstler inspirieren ließen.

Die Decke des Oratoriums wurde um 1600 von sehr bekannten Künstlern des venezianischen Manierísmus dekoriert und besteht aus 24 Leinwänden, die in der Mitte die Herrlichkeit des Himmels und am Rand Szenen aus dem Leben Christi darstellen. Später wurden drei Gemälde mit Episoden aus dem Alten Testament hinzugefügt.

Außerdem befindet sich hier eine berühmte Holzskulptur aus dem 18. Jahrhundert, die die Heilige Dreifaltigkeit darstellt. Das älteste Kunstwerk des Gebäudes ist ein schönes Kruzifix aus dem 16. Jahrhundert. Es besitzt ein Loch in der Seite, das aktiviert durch einen Stift mit einem Stopfen das Entweichen einer roten Flüssigkeit ermöglichte, die das Blut Christi darstellt. ▪

Il Gatto di Chioggia

Am Ende des Corso del Popolo vor der Ponte vigo und dem Fährhafen befindet sich auf der Piazza Vigo, eine Säule mit einem Markuslöwen auf der Spitze. Nur ist dieser Löwe im Vergleich zu denen, die auf anderen Säulen in der Serenissima-Republik platziert sind, viel kleiner. Auch passen die Proportionen der Säule und des Löwen nicht recht zueinander.

Die Geschichte dieser Skulptur hat sehr ferne Wurzeln und entstand aus der Rivalität, die seit jeher zwischen Venedig und Chioggia bestand. Wie so oft, wenn ein Ereignis in der Geschichte nicht eindeutig nachzuweisen ist, gibt es auch hier verschiedene Legenden über die Entstehung. Hier nur zwei davon:

Nach der venezianische Legende wurde die Größe des Löwen durch die Unfähigkeit des Bildhauers verursacht, den die Chioggiotti beauftragt hatten. Der angelieferte Löwe gefiel der Bevölkerung nicht und der Künstler sollte das Aussehen korrigieren. Als er damit fertig war, war die Figur nicht nur kleiner, sie sah auch eher wie eine Katze aus und nicht wie ein Löwe.

Man erzählt, dass die Venezianer mit ihren Fischerbooten zur Piazza Vigo nach Chioggia fuhren, um Fischgräten für die Katze dorthin zu bringen und jedes Mal Streit und Kämpfe auslösten.

Es gibt aber auch eine andere Version, mehr aus der Sicht der Chioggiotti: Eine Regel der venezianischen Herrscher besagte, dass in jeder Stadt unter der Herrschaft der Serenissima der Löwe von Marcian sichtbar sein sollte, um die Macht Venedigs zu demonstrieren. Von den Chioggiotti wurde der Löwe speziell so klein gebaut, um sich über die venezianische Autorität und ihre Regeln lustig zu machen.

Jedenfalls hat die Figur auf der Säule bis heute ihren Spitznamen behalten „Il gatto" (im Dialekt el gato) – die Katze   ∎

Danke

Ich möchte mich bedanken bei den vielen Freunden und Bekannten, die ich im Laufe meiner häufigen Aufenthalte kennenlernen durfte. Es sind zu viele, um sie hier alle mit Namen aufzuführen.

Danke für Eure Gastfreundschaft, Euer Vertrauen, Eure vielen Informationen und vor allen Dingen für Eure große Geduld bei den vielen Unterhaltungen, die Ihr mir trotz meiner mageren Kenntnisse der italienischen Sprache ermöglicht habt.

Inhalt

Peter Sterk

Fotobücher
ansprechend gestalten

Sie fotografieren gerne und erstellen mit Ihren Bildern Fotobücher?
Dann ist dieses Buch für Sie gedacht!

Grundlegendes zur guten Gestaltung moderner Fotobücher. Etwas Theorie zur Typografie und zum guten Layout, sowie viele praktische Beispiele, Tipps und Regeln für die Gestaltung von Seiten und Umschlag.

Kein unnötiger Fachballast, sondern geschrieben für Anfänger und Amateure, die ihren Fotobüchern einen professionellen Touch geben möchten.

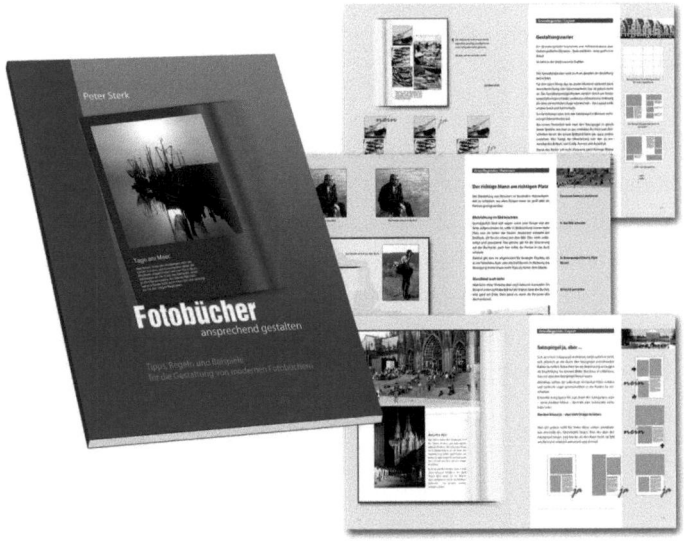

9 783839 179819

Im Buch- und online-Handel
ISBN 978-3-839-17981-9

Erschienen im Verlag:
Books on Demand GmbH
Norderstedt

Peter Sterk

Kreative **Fototechnik**
ohne viel Worte

Der richtige Umgang mit Blende, Brennweite, Verschlusszeit und Abbildungsmaßstab. Alles Dinge, um die man sich im Zeitalter von Elektronik und Digitaltechnik nicht mehr kümmern muss. Das erledigt die Automatik moderner Kameras.

Außer man möchte seinen Fotos einen etwas individuelleren, vielleicht sogar professionelleren Touch geben.

Zum Beispiel den Schärfebereich gezielt festlegen. Die Perspektive ungewöhnlich wählen und den Hintergrund bewusst gestalten.

Dieses Buch wendet sich an Personen, die bisher auch schon fotografiert haben, die sich aber etwas tiefer mit den Möglichkeiten einer Kamera und den zugehörigen Objektiven befassen möchten.

Im Buch- und online-Handel
ISBN 978-3-748-19919-9

Erschienen im Verlag:
Books on Demand GmbH
Norderstedt

Peter Sterk

Chioggia
Altstadt Impressionen

Chioggia ist eine Stadt in der italienischen Provinz Venetien. Die Altstadt liegt auf einer Insel am südlichen Ende der venezianischen Lagune. Touristisch ist Chioggia ziemlich unbekannt, aber genau das macht sicher den Reiz für Italien-Liebhaber aus.

Es werden fotografisch Situationen und Szenen gezeigt, die der Besucher der historischen Altstadt von Chioggia täglich an den Kanälen, auf den Straßen und Brücken, in den Gassen oder am Hafen beobachten und erleben kann. Bilder des italienischen Alltags, den man hier, abseits des Touristentrubels noch erlebt. Denn obwohl die große Schwester Venedig fast noch in Sichtweite liegt, hat sich Chioggia seinen herkömmlichen, eigenständigen Charakter erhalten.

9 783735 760203

Im Buch- und online-Handel
ISBN 978-3-735-76020-3

Erschienen im Verlag:
Books on Demand GmbH
Norderstedt

Peter Sterk

Fotografierte Worte
Ein Buch zum Schmunzeln

Was geschieht wenn man Worte wirklich wörtlich nimmt?
Worte erzeugen Vorstellungen in uns – manchmal die Falschen.

Zugvögel	Seit wann fahren Vögel mit dem Zug?
Eierkohlen	Braucht man zum Kochen von Eiern Eierkohle?
Bordsteinschwalben	Lieben Schwalben den Bordstein?
Wasserhahn	Leben Wasserhähne im oder am Wasser?
Butterblumen	Wird Butter aus Butterblumen gemacht?
Tafelspitz	Was macht ein Spitz mit einer Tafel?
Eselsbrücke	Eine Brücke nur für Esel?
...	...

Im Buch- und online-Handel
ISBN 978-3-754-3465-49

Erschienen im Verlag:
Books on Demand GmbH
Norderstedt